이 책의 내용을 교과서에서도 찾아보세요!

국어 1-1
5. 다정하게 인사해요
6. 받침이 있는 글자
7. 생각을 나타내요

국어 1-2
4. 자신 있게 말해요
6. 고운 말을 해요

바/즐/슬 1
1. 학교에 가면

안전한 생활 1
3-1 소중한 나〉슬기롭게 행동해요
3-2. 소중한 나〉우리 모두 소중한 친구

국어 2-1
3. 마음을 나누어요
5. 낱말을 바르고 정확하게 써요
8. 마음을 짐작해요
9. 생각을 생생하게 나타내요
10. 다른 사람을 생각해요

국어 2-2
4. 인물의 마음을 짐작해요
7. 일이 일어난 차례를 살펴요
10. 칭찬하는 말을 주고받아요

바/즐/슬 2
1. 알쏭달쏭 나

안전한 생활 2
3-1. 소중한 우리〉침착하고 슬기롭게
3-2. 소중한 우리〉친구와 사이좋게 지내요

국어 3-1
7. 반갑다, 국어사전

국어 3-2
3. 자신의 경험을 글로 써요
5. 즐겁게 대화해요
6. 마음을 담아 글을 써요

도덕 3
1. 나와 너, 우리 함께

나도 이제 초등학생 27

초등학교 저학년 학생들의 적응을 도와주고 고민도 해결해 주는 실용 동화책입니다.
또래 친구들이 겪는 재밌는 이야기와 학교생활의 비법이 담겨 있어요.
매일 아침, 학교 가는 길이 행복해질 거예요!

나도 이제 초등학생 27
틀려도 괜찮아

초판 발행 2023년 03월 20일
초판 2쇄 2025년 09월 20일

글	이재은
그림	튜브링
발행인	이재현
발행처	리틀씨앤톡
출판등록	제 2022-000106호(2022년 9월 23일)
주소	경기도 파주시 문발로 405 제2출판단지 활자마을
전화	02-338-0092
팩스	02-338-0097
홈페이지	www.seentalk.co.kr
E-mail	seentalk@naver.com
ISBN	978-89-6098-881-1 74810
	978-89-6098-217-8 74810 (세트)

· 본 책은 저작권법에 의해 보호를 받는 저작물이므로 무단 전재와 복제를 금합니다.
· KC마크는 이 제품이 공통안전기준에 적합하였음을 의미합니다.

모델명	틀려도 괜찮아	제조년월	2025.09.20.	제조자명	리틀씨앤톡	제조국명	대한민국
주소	경기도 파주시 문발로 405 제2출판단지 활자마을		전화번호	02-338-0092	사용연령	7세 이상	

리틀씨앤톡은 씨앤톡의 어린이 브랜드입니다.

틀려도 괜찮아

이재은 글 | 튜브링 그림

리틀
씨앤독

누구나 틀릴 수 있어요

아무것도 안 틀리고 살 수 있다면 얼마나 좋을까요? 아무리 어려운 문제도 모르는 것이 없고, 어떤 위기가 닥쳐도 막힘없이 처리할 수 있는 능력이 생긴다면, 영화에서 보던 영웅이 된 기분이 들 거예요.

하지만 영화 속의 영웅들도 틀리면서 배운다는 사실을 아나요? 스파이더맨은 원하는 때에 거미줄이 생기지 않아서 추락하기도 하고, 아이언맨은 새로운 슈트를 입었을 때 적응하지 못해서 이리저리 내동댕이쳐지기도 합니다. 영웅들 역시 틀리는 실수를 하고, 그 경험을 바탕으로 능력을 키워 나가요.

어린이들이 틀리는 걸 당연하게 여기기 바라며 이 책을 썼어요. 틀리는 게 무서워서 아예 포기를 하거나, 몇 번의 실수 때문에 마음에 상처를 받은 경험이 저에게도 있거든요.

학년이 올라갈수록 틀리는 것에 빨간 작대기를 긋고, 틀린 개수에 따라 성적을 매기는 일도 생길 거예요. 받아 든 성적표에 따라 상처를 받을 수도 있어요. 하지만 그 점수는 영원한 것이 아니라, 그저 지나가는 것이라는 걸 기억했으면 합니다.

우리를 더 나은 사람으로 만드는 힘은 백 점부터 빵점까지의 점수에 따라 생기지 않아요. 틀려도 시무룩하지 않고 다시 한번 더 도전하는 그 마음에서 더 큰 힘이 나온답니다.

이 책을 읽는 어린이들이 틀리는 걸 두려워하지 않고, 다시 배우며 건강하게 자라길 바랍니다. 다 커 버린 저도 틀리고, 다시 고치며 더 좋은 글을 쓰도록 노력할게요. 같이 도전해 볼까요?

글쓴이 이대은

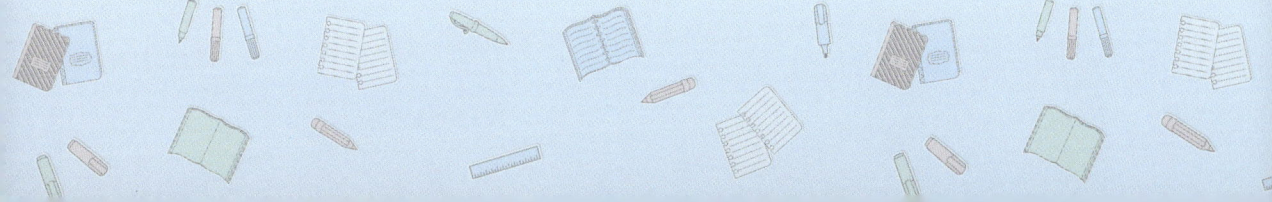

차례

✔ 제1장 공포의 받아쓰기 시간 7

✔ 제2장 언니의 주문 '뭐 어때!' 35

✔ 제3장 틀려야 맞을 수 있어! 65

제1장
공포의 받아쓰기 시간

"자, 받아쓰기해 볼까요?"

아린이가 가장 두려워하는 시간이 되었어요. 한 달 전에 받아쓰기를 처음 한 이후로, 지금까지 한 번도 100점을 받지 못했어요.

학기 초에 받아쓰기 문제가 쓰인 급수표를 받았을 때는 가슴이 턱 막히는 느낌이었어요. 이렇게 많은 단어와 문장을 알아야 한다니, 이룰 수 없는 꿈처럼 느껴졌죠.

사실 아린이는 초등학교에 입학한 다음에야 제대로 한글을 배우기 시작했어요. 막힘없이 읽기도 아직 조금 어려운데, 쓰는 건 더 서툴렀어요.

급수표를 보며 나름대로 익혀 봤지만, 헷갈리거나 어려운 문제가 꼭 있었어요. 당연히 틀리는 문제가 많았죠.

빨간 색연필로 틀린 문제라고 표시하는 작대기를 그을 때마다 아린이 마음에도 빨간 상처가 생기는 것 같았어요. 틀렸다고 뭐라고 하는 사람도 없는데, 마치 잘못한 것처럼 주눅이 들

고 기운이 빠졌어요.

이런 아린의 마음을 아실 리 없는 선생님은 야속하게도 바로 문제를 내기 시작했어요.

"첫 문제는 지난 시간에 배웠던 아주 쉬운 문제로 시작할게요. 나, 너, 우리. 나, 너, 우리."

다행이에요. 선생님 말씀대로 첫 문제는 정말 식은 죽 먹기였어요. 받침이 없는 글자라서 자신 있어요. 아린이만 그런 것이 아니라 다른 친구들도 쓱쓱 막힘없이 쓰고 있었어요.

두 번째는 어떤 문제일까요? 어려울까 봐 무서웠어요. 선생님은 마치 그 마음을 안다는 듯이 빙긋 웃으면서 문제를 내셨어요.

"다음 문제는 받아쓰기 급수표에서 8번에 있었어요. 잘 기억해서 써 보세요. *부끄러워하지 않고, 부끄러워하지 않고.*"

"휴우."

친구들 사이에서 한숨 소리가 나기도 하고, 볼멘소리로 불

만을 얘기하는 친구도 있었어요.

"선생님, 어려워요!"

"모르겠어요!"

아린이는 쭈뼛쭈뼛 '부끄러'까지 쓰고 공책을 노려보았어요. '부끄러어'라고 썼다가 '부끄러여'라고 썼는데, 이것도 아닌 것 같아서 가슴이 콩닥거리기 시작했어요. 다행히 '하지'는 쉽게 썼어요. 그다음에 '않고'를 쓸 차례였는데, '안코'라고 썼다가 지우고는 '안고'라고 다시 썼어요.

그리고 방금 쓴 글씨를 바라보았어요. 분명 어딘가 틀린 것 같은 기분인데, 어떻게 써야 맞는지는 생각이 나지 않았어요.

'어떡하지……'

갈팡질팡 고민하고 있는데 이런 아린이의 마음을 모르는 선생님은 세 번째 문제를 내셨어요.

"세 번째 문제 낼게요. 선생님이 하고 싶은 말이네요. 고민해도 괜찮아. 고민해도 괜찮아."

문제로 나온 문장과는 다르게 아린이는 고민하는 게 괜찮지 않았어요. 다른 친구들은 하나도 막힘없이 쓰고 있는데, 자기만 어려운 고민이 너무 많은 것 같았거든요.

초등학교에 들어와서 받아쓰기하기 전까지만 해도 고민이라고는 '간식으로 무엇을 먹으면 좋을까? 그림 그리기를 할까? 놀이터에 갈까?' 이런 즐거운 고민뿐이었는데 말이죠.

2번 답도 제대로 쓰지 못한 채 3번 답을 쓰려니 어쩐지 눈물이 날 것만 같았어요. 계속 공책의 빈칸만 바라보고 있으니 어느새 눈물이 고여서 눈앞이 흐려지기 시작했어요. 혹시라도 누가 눈치챌까 봐 눈을 비비는 척하면서 고개를 흔들었어요.

그러다가 아린이는 자기도 모르게 힐끗 짝꿍의 공책을 보게 됐어요. 1번, 2번, 3번까지 모두 답이 채워져 있었어요. 2번 답을 보다가 자기가 쓴 답이 틀렸다는 것을 알게 됐어요.

'아, '부끄러여하지 안고'가 아니라 '부끄러워하지 않고'구나. 맞아. 급수표에서 봤던 받침이 두 개 있는 글자가 이제 기억나.'

아린이가 잘못 쓴 답을 생각을 하고 있을 때 갑자기 뒷자리에 앉은 민석이가 외쳤어요.

"선생님! 장아린이 커닝해요!"

반 친구들이 모두 아린이를 바라보았어요. 선생님이 천천히 아린이 자리로 다가오더니 아린이의 공책을 살피고 말씀하셨

어요.

"커닝하지 않은 것 같은데? 민석이가 오해한 것 같구나."

"아니에요, 선생님. 분명히 옆쪽으로 고개 돌리는 거 제가

봤다고요!"

"아린이는 오해가 생기지 않도록 옆을 보지 않도록 하고, 민석이도 두리번거리지 말고 자기 문제에 집중하도록 해요. 그리고 여러분, 문제를 틀리는 건 잘못한 게 아니지만, 남의 답을 훔쳐보는 것은 나쁜 일이에요. 우리 모두 정직하게 문제를 풀어 봐요."

선생님께서 다시 교탁으로 돌아가셨고 다음 문제를 내기 시작했어요. 하지만 아린이의 마음은 진정이 안 됐어요. 의심을 받았다는 게 창피하기도 하고, 속상하고 답답하기도 하면서 가슴이 콩닥콩닥 뛰었어요.

결국 4번 문제는 선생님이 뭐라고 하셨는지조차 잘 듣지 못했죠. 받아쓰기는 순식간에 5번 문제로 넘어가고 있었어요.

선생님은 아린이를 한번 바라보고 응원하듯 미소를 지으시더니 말했어요.

"5번 문제는, 용기를 내 봐요. 용기를 내 봐요."

이번에도 역시 어떻게 써야 할지 바로 떠오르지 않았어요. 문제를 듣자마자 바쁘게 연필을 움직이는 짝꿍 희영이와 자신이 비교됐어요. 아린이는 아직 고민하느라 쓰지 못했어요.

"다 썼나요? 잘 모르는 문제는 그냥 빈칸으로 둬도 괜찮아요. 다음 문제로 넘어갈게요."

세 문제나 제대로 못 쓰다니, 아린이는 안절부절 조바심이 났어요. 이대로 계속 다 빈칸으로 두면 어떡하나 걱정도 됐어요. 그런데 갑자기 배가 살살 아프기 시작했어요.

"아, 아야……."

그 소리를 듣고 선생님이 아린이를 바라보며 말씀하셨어요.

"아린아, 왜? 어디 아프니?"

선생님과 눈이 마주치자 아린이는 어쩐지 말을 꺼내기가 어려웠어요. 갑자기 얼굴이 뜨거워지고, 손바닥에 땀이 났어요. 그런데 배는 점점 더 아프기 시작했어요. 이대로 교실에 있어서는 안 될 상황이었지요.

"선생님, 저 화장실에 좀 다녀올게요."

아린이의 말에 친구들이 "와하하." 웃었어요. 얼굴이 빨개진 채 아린이는 서둘러 교실을 나왔어요.

부리나케 복도를 뛰어 화장실 칸에 들어가 문을 걸어 잠갔어요.

"후……."

어쩐 일인지 나와야 할 것은 나오지 않고 한숨이 먼저 나왔어요. 변기에 앉자마자 아팠던 배가 거짓말처럼 싹 나았어요. 다시 교실로 돌아가야 했지만, 아린이는 가고 싶지 않았어요. 돌아가면 받아쓰기를 채점해야 하는데, 또 잔뜩 틀릴 게 뻔하기 때문이죠.

어떻게 해야 하나 고민하고 있는데 그 순간, 수업 시간이 끝나는 종소리가 들렸어요. 아린이는 슬그머니 교실로 돌아왔어요.

자리에 앉아 쓰다 말고 두고 나갔던 받아쓰기 공책을 정리했어요. 친구들은 각자 쉬는 시간을 즐기느라 정신이 없었어요. 화장실에 왜 그렇게 오래 있었냐고 물어보는 친구가 없는 것은 정말 다행이었어요.

옆자리에 희영이가 펼쳐둔 받아쓰기 공책이 보였어요. 동그라미, 동그라미, 동그라미가 이어지고 100점이었어요. 아린이는 부러운 마음에 입이 헤 벌어졌어요.

그때 자리로 돌아온 희영이가 공책을 덮었어요. 아린이와 희영이의 눈이 마주쳤어요. 아린이가 멋쩍은 듯 웃으며 말했어요.

"100점이네. 좋겠다."

"응. 오늘은 내가 다 아는 글자더라고."

희영이는 별일 아니라는 듯 말하더니, 공책에 '찮'이라는 글씨를 쓰면서 말했어요. 삐뚤지도 않고 바르게 쓴 글씨를 바라보니 아린이는 자꾸 자기와 비교하게 돼요. 같은 학년인데 나만 모르는 것 같아 바보가 된 기분이었어요.

희영이는 뽐내듯이 고개를 들고 말했어요.

"'괜찮아'의 '찮' 같은 받침이 두 개인 글자는 나도 처음에는 조금 어려웠는데, 몇 번 틀리고 고치고 하다 보니까 이제 확실히 알게 됐어. 사실은 집에서 엄마한테 문제 내달라고 하면서 연습하거든."

"받아쓰기를 집에서도 한다고?"

"응. 우리 처음 받아쓰기했던 날 기억나? 나 그날 빵점 받았었거든."

"빵점?!"

100점을 받는 희영이가 빵점을 받은 적도 있다니 믿어지지 않았어요. 눈이 동그래진 아린이에게 희영이가 말했어요.

"응. 빵점을 받고 나서 너무 창피해서 엄마 앞에서 엄청 많이 울었어. 초등학교에 들어온 후로 가장 많이 울었을걸. 그랬더니 엄마가 그날부터 집에서도 받아쓰기 연습을 하자고 하셨어. 그전까지는 그냥 급수표를 한번 읽어 보기만 했거든. 물론 처음에는 집에서까지 받아쓰기하는 게 조금 귀찮았는데, 그렇게 연습하니까 점점 잘하게 되더라? 이제 절대 빵점 실력은 아니야."

쳐다보기도 싫은 받아쓰기를 집에 가서까지 하다니, 아린이는 내키지 않았어요. 시무룩해진 아린이에게 앞자리 지훈이가 휙 돌아앉더니 말했어요.

"100점이 뭐 별거야? 100점도 받았다가 빵점도 받았다가 하는 거지. 아직 우리는 성적표도 안 나온다고!"

"그러는 너는 몇 점인데?"

태평하게 말하는 지훈이가 어쩐지 조금 웃기기도 했어요. 자기도 100점 받아 놓고 저런 얘길 하는 것은 아니겠죠?

"나? 40점! 네 개나 맞았다고!"

"뭐? 40점? 내가 화장실만 안 갔다 왔어도 너보다는 더 많이 맞았겠다."

"그러게 왜 화장실을 갔냐? 40점이라도 받으려면 뭐든 끝까지 하는 게 중요하다고!"

맞아요. 아린이는 끝까지 문제를 풀지 못했기 때문에 아는 문제를 맞힐 기회까지 사라져 버린 거예요. 화장실에서 빨리 돌아올 걸 그랬다고 생각하면서 지훈이에게 물었어요.

"너는 정말로 틀려도 아무렇지도 않은 거야?"

지훈이는 히죽히죽 웃으며 말했어요.

"틀리는 거? 그거 별거 아니야. 우리 아빠도 오븐레인지 돌리는 법을 맨날 까먹고 잘 몰라서 엄마가 다시 가르쳐 주던데? 아빠도 모르는 게 있는데, 초등학생인 우리가 모르는 게 있어서 틀리는 건 당연한 거 아니야?"

"오븐레인지랑 받아쓰기랑 같아?"

"다른 건 또 뭐야? 누구나 잘 모를 수 있고, 틀릴 수 있는 거라고."

티격태격 이야기를 나누다 보니 다음 수업 시간을 알리는 종이 울렸어요. 다음은 음악 시간이에요.

오늘은 다 함께 노래를 부르는 날이에요. 선생님께서 틀어 놓은 음악 소리에 맞춰 노래가 시작됐어요.

"나란히 나란히 나란히 밥상 위에 젓가락이 나란히 나란히 나란히."

아린이도 힘차게 노래를 불렀어요. 열심히 따라 부르다 보니 목이 말랐어요. 생각해 보니 쉬는 시간에 희영이와 지훈이랑 얘기하느라 물을 못 마셨어요. 목구멍이 약간 따끔따끔했지만 멈추지 않고 노래를 불렀어요.

"짐수레의 바퀴들이 나란히 나란히 나란히이익!"

이 요상한 소리는 무슨 소리일까요? 아린이의 목에서 나온 소리였어요. 목소리가 갈라지면서 이상하게 새어 나온 거예

요. 아린이의 특이한 목소리를 들은 친구들이 킥킥대며 노래 부르기를 멈췄어요.

"이게 무슨 소리야?"

"누구야? 자수해라!"

"노래도 못하면서 되게 큰 소리로 부르네?"

"장아린! 너지? 국어 시간에는 화장실 가고, 음악 시간에는 괴상한 소리 내고 너도 참 특이하다."

낄낄대며 웃는 친구들의 한마디 한마디가 아린이를 움츠러들게 했어요. 국어 시간에도 음악 시간에도 일부러 그런 건 아닌데 말이죠.

받아쓰기에 이어 노래까지 틀리다 보니 너무 창피했어요. 게다가 가장 좋아하는 음악 시간에 노래를 틀려서 더욱 속상했지요. 너무 큰 소리로 부르는 것도 관둬야겠다는 생각이 들었어요. 작은 목소리로 부르면 틀려도 티 나지 않을 테니까요.

어수선하게 떠드는 친구들에게 선생님이 말씀하셨어요.

"자, 조용, 조용. 선생님이 듣기에는 아린이가 가장 잘 불렀는데 왜 웃는 거야?"

"말도 안 돼요. 선생님, 아린이 목소리가 '나란히익!' 이렇게 튀어 올랐는데요?"

지훈이가 굳이 안 해도 될 흉내까지 내면서 대답했어요.

"맞아요. 아린이는 음이 틀리는 실수를 했어요. 하지만 우리 반에서 그 누구보다 큰 소리로 자신감 있게 불렀어요. 틀리지 않게 조심하는 것도 좋지만, 그것보다 더 중요한 것은 자신감 있게, 우렁차게, 신나게 부르는 거예요. 그러니까 아린이는 참 잘한 거예요. 다른 친구들도 아린이처럼 큰 목소리로 신나게 다시 한번 불러 볼까요?"

"네!"

친구들이 다시 노래를 시작했지만, 얼굴이 빨개진 아린이는 어쩐지 아까처럼 힘차게 노래를 부르기 힘들었어요. 자꾸만 친구들이 자기를 쳐다보고 비웃는 것 같아서 속상했지요.

틀리는 것이 두렵나요?

✏️ '틀리다'는 것은 뭘까요?

'사실'과 '정답'을 잘못 말하면 틀렸다고 해요. 사실은 실제로 있었던 일, 지금 일어나는 일을 말해요. 있는 그대로를 말하죠. 누군가가 실제 있었던 일을 다르게 얘기하면 그건 틀렸다고 해요.

정답은 어떤 문제를 냈을 때 맞는 답을 알아맞히는 것을 뜻해요. 정답이 정해지지 않은 생각 등을 묻는 서술 문제도 있지만, 수학 문제나 국어 맞춤법에는 정답이 정해져 있어요. 정답과 다르게 적었을 때 틀렸다고 해요.

🖍 누구나 틀릴 수 있어요

틀리는 것은 잘못한 걸까요? 아니요, 누구나 틀릴 수 있어요.

모든 문제에 대한 정답을 아는 것은 어렵거든요. 더군다나 아는 것보다 배워야 할 게 더 많은 어린이는 당연히 모르는 정답이 더 많겠지요.

세상에는 수많은 문제가 있고, 그걸 하나하나 풀고, 알아 가는 게 바로 어른으로 크는 과정이에요. 어른이라고 해서 모든 문제를 다 아는 것은 아니에요. 어른도 틀릴 수 있답니다.

🖍 틀리지 않기 위해 배우는 거예요

틀리는 것은 잘못한 것이 아니지만, 틀린 것을 아는데도 자꾸 일부러 틀리는 것은 잘못일 수 있어요. 우리는 빨간색 신호등일 때 건널목을 건너는 것이 잘못된 일이라는 것을 알고 있어요. 아는데도 빨간불일 때 무단횡단을 한다면, 그건 잘못이에요.

세상에는 정해 놓은 규칙이 있고, 답이 있는 문제들이 있어요. 이런 규칙과 답은 하나하나 알아 가야 한답니다.

우리는 답을 알기 위해 공부를 합니다. 수학 문제는 공식에 맞게 제대로 풀면 언제나 정답이 나와요. 국어 받아쓰기는 정해진 맞춤법이 있어요.

처음에는 모를 수 있지만, 차츰차츰 배우면서 알아 가면 돼요. 점차 틀리는 답이 적어지면 자신감이 생기고, 어른이 되기 전에 꼭 알아야 할 것을 익히게 되고, 세상의 수많은 이야기를 알게 되죠.

같이 생각해요

1. 틀렸던 경험을 떠올려 적어 보세요.

   ----

2. 틀렸을 때 마음이 어땠나요?

   ----

3. 틀린 이유를 알고 있었나요? 왜 틀렸었나요?

아린이는 어깨가 축 처진 채로 집으로 돌아왔어요.

"다녀왔습니다."

"아린아, 오늘 학교에선 재미있었니? 무슨 수업을 했어?"

"그냥 뭐……."

아린이의 가방을 받아들면서 반갑게 맞아 주는 엄마에게 오늘 있었던 일을 이야기하고 싶었지만 어쩐지 입이 떨어지지 않았어요.

'엄마, 저 오늘 받아쓰기 시간이 너무 힘들었어요. 틀릴까 봐 너무 겁이 났어요.'라고 속으로만 말하고, 방으로 들어가 옷을 갈아입었어요. 문밖에서 엄마가 아린이의 가방을 여는 소리가 들렸어요. 잠시 후 엄마가 방문을 두드렸어요.

똑똑.

"아린아, 엄마랑 얘기 좀 하자."

엄마가 아린의 알림장을 손에 들고 방으로 들어오며 말씀하셨어요.

"알림장을 보니까 틀린 받아쓰기 세 번씩 써 보는 게 오늘 숙제던데, 받아쓰기 공책은 어디 있니?"

"깜빡하고 학교에 두고 왔나 봐요."

"그래? 틀린 문제가 뭐였는지 기억나니?"

"그…… 그게……."

엄마는 아린이의 눈을 바라보며 대답을 기다리셨어요. 그런데 아린이는 엄마의 얼굴을 바라보자 대답 대신 눈물이 터져 나왔어요.

"으헝, 엉엉엉."

갑작스러운 아린이의 눈물에 엄마가 당황해하며 아린이를 꼭 안아 주었어요. 한참을 울고 있는데 현관문이 열리는 소리가 들렸어요.

"다녀왔습니다!"

댄스 학원에 갔던 언니가 집에 돌아왔어요. 엄마가 아린이의 등을 두드려 주며 언니에게 눈을 찡긋했어요.

"여기서 뭐 해? 장아린! 너 왜 또 울어? 무슨 일인데? 친구랑 싸웠어?"

언니가 호들갑스럽게 말하며 방으로 들어오자 엄마가 일어

서며 말했어요.

"엄마에게는 이야기하기 힘든 것 같은데 언니가 들어 줘 봐. 엄마는 저녁 식사 준비할게."

엄마가 나가자 언니는 방문을 닫더니 아린이에게 가까이 다가가 몸을 붙이고는 말했어요.

"왜? 무슨 일인데? 언니한테 다 말해 봐."

아린이보다 네 살이 많은 언니는 아린이와 다른 점이 많아요. 자신감이 눈으로 볼 수 있게 빛이 난다면 언니가 말을 할 때마다 주변이 눈부시게 환해질 거예요. 공부도 잘하고, 글짓기도 잘하고, 성격은 재미있고 활발해서 친구들에게 인기가 많아요. 게다가 노래도 잘 부르고, 춤도 잘 춰요.

그런 언니가 작년부터 아이돌 가수가 되겠다고 선언하더니, 댄스 학원에 보내 달라고 엄마를 졸라서 결국 다니게 됐지요. 열심히 연습하니 실력이 부쩍 늘었고, 며칠 뒤엔 오디션도 볼 예정이에요. 아린이는 자기가 하는 일에 믿음이 있는 당당한 언니가 늘 부러웠어요.

아린이가 대답을 하지 않자 언니는 아린이의 손을 잡아끌고 자신의 방으로 데리고 갔어요. 언니 방은 바닥에는 푹신한 매트가 깔려 있고, 방음벽으로 둘러져 있어서 뛰고 소리를 질러도 문제가 없어요. 언니는 방문을 닫더니 말했어요.

"소리 질러 봐."

"응?"

"답답하잖아. 소리 질러 봐."

난데없이 소리를 지르라고 하니 황당했어요.

"으악! 악악!"

언니가 갑자기 소리를 질렀어요. 이게 무슨 황당한 일인지, 아린이가 언니를 멍하니 바라보자 언니가 말했어요.

"속상할 때는 그때그때 풀어 버리는 게 최고라고! 고함을 지르고 나면 진짜 후련해."

"왜 울었는지는 안 물어봐?"

"뭐 울고 싶으니까 울었겠지. 네가 말하고 싶을 때 얘기해. 기다릴 테니까. 자, 너도 해 봐. 으악! 악! 아하하하."

언니는 소리를 지르다가, 웃다가, 노래를 부르다가 급기야는 춤까지 추기 시작했어요. 처음에는 황당했는데 가만히 바라보고 있자니 피식피식 웃음이 났어요. 속상했던 마음은 잠시 숨어 버렸죠.

아린이의 몸도 언니처럼 들썩이기 시작했어요. 자리에서 벌떡 일어나 언니를 따라 함께 춤을 췄어요. 힘껏 노래를 부르고 몸을 움직였더니, 축 처져 있던 마음이 조금은 살아나는 기분이 들었어요.

한참을 춤추던 언니가 갑자기 멈추더니 말했어요.

"여기 앉아 봐! 내가 이번 오디션에 준비한 곡을 보여 줄게. 어떤지 평가해 줘."

아린이가 관객이 되고, 언니는 가수가 되어 공연이 시작됐어요. 언니는 힘차게 노래를 불렀어요. 안무까지 하면서 부르느라 힘들어 보였어요. 아린이는 손뼉을 치면서 응원했어요.

노래는 점점 클라이맥스로 향하고 있었어요. 안무 동작도 빠르고 복잡해졌어요.

"너를 향해 달려갈게! 난 할 수 있어. 포기하지 않아, 악!"

갑자기 언니가 풀썩 쓰러졌어요. 발을 빠르게 움직여야 하는 동작인데 순서가 꼬이면서 걸려 넘어지고 만 거죠.

"언니! 괜찮아?"

아린이가 다가가자 언니가 괜찮다는 신호를 보냈어요. 그러더니 음악을 넘어졌던 앞부분으로 다시 돌려 틀었어요. 자세를 가다듬고 일어난 언니는 다시 그 부분부터 춤추며 노래하기 시작했어요. 이번에는 넘어지지 않았지만, 스

텝이 꼬이면서 비틀거렸어요.

언니는 얼굴을 찡그리더니 다시 음악을 되돌려 틀었어요. 똑같은 부분을 다시 연습했어요. 연습을 할수록 실수했던 부분이 점점 좋아졌어요. 비틀거리던 몸이 점점 부드럽게 흐름을 탔어요. 언니는 지치지도 않고 계속 같은 부분을 연습했어요.

"나 느낌 왔어. 이번엔 진짜 성공할 것 같아."

언니가 주먹을 불끈 쥐더니 자신만만하게 얘기하며 음악을 처음 부분부터 틀었어요. 앞부분은 자연스럽게 흘러갔고, 문제의 구간이 시작됐어요. 이번에는 비틀거리지도 않고, 넘어지지도 않고, 멋지게 해냈어요.

"와! 언니 진짜 최고야! 정말 멋져! 언니 당장 데뷔해도 되겠는데?"

아린이가 신나서 칭찬하자 언니도 만족스러운 표정으로 말했어요.

"그래? 내가 생각해도 이번엔 진짜 마음에 들었어. 오디션에서도 이렇게 할 수 있어야 할 텐데 말이야."

"언니, 걱정하지 마! 진짜 최고야. 이대로만 하면 오디션 합격할 거야. 언니가 합격 안 하면 누가 해?"

"자꾸 연습하다 보니까 자신감이 생겼어. 오디션 날까지 계속 연습해야겠어. 하아, 힘들었다. 오늘 연습은 여기까지, 끝!"

"끝!"

아린이가 손뼉을 치고 언니의 연습 시간이 끝났어요. 언니가 땀을 닦으면서 아린이에게 다가와서 말했어요.

"그런데 아까는 왜 울었어? 이제 말해 줄 수 있어?"

언니의 공연을 보느라 잠시 잊고 있었던 속상했던 마음이 다시 고개를 내밀었어요. 아린이는 조금 망설이다 언니에게 말했어요.

"사실, 받아쓰기 시험을 보는데 모르는 문제가 너무 많아서 속상했어. 세 문제나 제대로 못 쓰고 넘겼는데, 갑자기 배가 아픈 거야. 그래서 중간에 화장실에 갔더니 그사이에 받아쓰기 시험이 끝났어. 시험을 끝까지 못 봐서 점수를 제대로 매기지도 못했어."

커닝한 걸로 오해받은 일이나, 친구들이 놀려댔던 일은 차마 말하지 못했어요. 언니에게도 말 못 할 정도로 부끄러웠거

든요. 그런데 언니는 이야기를 듣더니 황당하다는 표정으로 말했어요.

"난 또 뭐라고. 겨우 그것 때문에 그렇게 엉엉 울었어?"

"겨우라니……. 내 짝꿍은 100점을 받았는데?"

"그 애가 100점을 받은 게 뭐가 중요해? 너는 너고, 그 애는 그 애인데. 사실은 말이야……."

듣는 사람이 아무도 없는데도 언니는 비밀 이야기를 하는 것처럼 아린이에게 다가와 귓가에 속삭이며 말했어요.

"나는 초등학교 들어갈 때 '가나다'도 몰랐어."

"으응? 정말?"

아린이는 깜짝 놀라 언니를 바라보았어요.

"정말이야. 내가 1학년 때 얼마나 힘들었는지 알아?"

"말도 안 돼. 언니는 저번 달에 글짓기 상도 받았잖아."

"그래. 글짓기 왕인 나도 받아쓰기 빵점 시절이 있었다, 이 말이야. 그러니까 고민하지 말라고!"

언니가 초등학교 입학할 때 한글도 제대로 몰랐다니 믿어지지 않았어요. 글짓기도 잘하고, 공부도 잘하는 건 처음부터 그런 건 줄 알았는데 언니의 능력은 노력으로 만든 거였지요. 그렇다면 설마 노래와 춤도?

"언니, 사실은 음악 시간에 노래 부를 때도 틀렸어. 음이 튀어 올라서 친구들이 다 웃고 난리였어. 나는 노래에도 소질이 없나 봐."

"그래? 몇 번이나 그랬는데?"

"한 번."

"뭐? 겨우 한 번 갖고 그러는 거야?"

"그런 적은 처음이었다고!"

"야! 한 번 갖고 엄살 부리지 마. 나는 이 노래 부를 때 음이 백 번은 틀렸을걸?"

"정말?"

"그럼 정말이지. 처음부터 잘하는 사람이 어디 있어. 우리

학원 선생님이 그랬어. 결국에는 끈기 있는 사람이 살아남는다고! '뭐 어때' 정신으로 연습하라던데?"

"뭐 어때 정신?"

"응. 틀리면 뭐 어때! 잘못하면 뭐 어때! 조금 느리면 뭐 어때! 그런 마음을 가지고 포기하지 않고 열심히 연습하는 사람이 결국엔 성공한다고 했어. 자, 어떤 노랜데? 나랑 같이 불러보자."

아린이는 언니와 함께 노래를 부르기 시작했어요. 다시 불러보니 음이 틀리지는 않았지만, 틀릴까 불안한 마음에 목소리가 작게 나왔어요.

"더 크게!"

"나란흐이잉."

"조금 더 정확하게! 나란히이!"

"나란히이! 어? 성공이다!"

몇 번을 연습하니 드디어 음을 틀리지 않고, 매끈하게 큰 소리로 부를 수 있었어요. 언니가 신나게 손뼉 치며 말했어요.

"와! 그것 봐. 하면 되지?"

"그러게. 정말 연습하니까 되네?"

"한 번 틀렸다고 포기하면 그냥 계속 못 하는 거라고!"

언니 덕분에 자신감이 생긴 아린이는 신이 나서 부엌에서 요리 중인 엄마에게 달려갔어요.

"엄마! 오늘 저녁 반찬은 뭐예요?"

"언니하고 비밀 얘기는 다 한 거야? 엄마한테는 말 안 해 줄 거야?"

아린이는 국어 시간과 음악 시간에 있었던 일을 엄마에게 이야기했어요. 엄마는 고개를 끄덕이며 듣더니 아린이를 쓰다듬으며 말씀하셨어요.

"우리 아린이가 늘 잘한다는 이야기만 듣다가 충격이 컸겠구나. 받아쓰기도 잘할 수 있도록 엄마와 함께 노력해 보자."

엄마는 빈 공책을 가져오더니 펼쳐 놓고 말씀하셨어요.

"엄마가 희영이 엄마에게 물어봐서 받아쓰기 정답 받아놨어. 저녁 먹기 전까지 세 번씩 쓰고 맛있는 밥 먹자."

역시나 엄마는 모르는 게 없어요. 아린이가 왜 속상했는지 다 알고 계셨던 거죠.

아린이는 엄마가 말한 대로 받아쓰기 정답을 다시 적어 보기 시작했어요.

아린이가 화장실에 간 후에 나왔던 문제 중에는 쉽게 쓸 수 있던 단어도 있었어요. 아쉬웠어요. 부딪히지 않고 도망쳤더니 아는 문제를 맞힐 기회마저 없어졌던 거예요. 아린이는 책상에 앉아 또박또박 정성 들여서 글씨를 쓰고, 보고 익혔어요.

"아름아, 아린아. 저녁 먹어라."

엄마가 아린이와 언니를 불렀어요. 아린이는 식탁에 앉기 전에 엄마에게 공책을 내밀며 말했어요.

"엄마! 다 썼어요. 몇 번 써 보니까 이제 틀리지 않을 수 있을 것 같아요."

"정말이야? 그럼 내가 이따 다시 문제 내 볼까?"

언니가 공책을 가져가 살펴보더니 싱긋 웃으며 말했어요.

"자, 우리 딸들, 일단 밥부터 먹고 합시다. 오늘의 메뉴는 바로 함박스테이크!"

"와! 엄마 최고!"

아린이는 엄마가 직접 만든 함박스테이크를 크게 썰어서 입

안으로 쏙 넣었어요. 그런데 이게 무슨 맛이죠? 고기가 너무 질겨서 잘 씹히지 않았어요. 소스는 너무 시큼해서 절로 눈이 찌푸려질 정도였어요.

아린이는 슬그머니 언니의 표정을 살폈어요. 언니도 입안에 가득 음식을 문 채 엄마의 눈치를 살피고 있었어요. 아린이와 언니를 바라보던 엄마는 의아하다는 표정으로 함박스테이크 한 조각을 입으로 가져갔어요.

"으엑! 이게 무슨 맛이야? 레시피대로 따라 해서 간 보는 걸 깜박했더니, 이런 맛일 줄 몰랐네. 식초가 너무 많이 들어갔나 봐. 애들아, 맛이 없으면 없다고 말해야지."

"엄마가 열심히 만들었는데 미안하잖아요, 호호호. 그런데 엄마, 이건 좀 심하긴 해요."

언니가 실실 웃으며 엄마에게 말했어요. 아린이 역시 포크를 내려놓으며 말했어요.

"소스가 너무 시어서 고기 맛도 안 나요. 엄마, 미안."

엄마가 벌떡 일어나 김을 가져오더니 뜯어놓으며 말했어요.

"미안해. 엄마가 오늘 처음 도전해 본 요리라서……. 너희들한테 맛있는 거 만들어 주려고 하다가 실수한 거니까 이해해 줘. 이건 아빠나 먹으라고 해야겠다."

"아니. 아빠도 먹기 힘들 것 같은데?"

언니가 어이없다는 듯이 말했어요. 엄마는 우리한테서 고개를 획 돌리더니 웃으며 말했어요.

"아빠는 사랑의 힘으로 먹어 줄 수 있거든!"

"말도 안 돼! 하하하."

엄마가 이렇게 맛없는 음식을 만들 수 있다니 황당했어요. 그런데 아린이는 어쩐지 위로받는 느낌이 들었어요. 세상에서 가장 요리를 잘한다고 믿었던 엄마도 잘 못하는 요리가 있다니……. 누구나 틀릴 수 있고, 잘 모를 수 있고, 실수할 수 있다는 것을 다시 한번 깨달았어요.

아린이는 방으로 들어가 하교 후에 팽개쳐 놨던 가방을 열었어요. 오늘 아린이를 힘들게 했던 받아쓰기 급수표를 꺼내 들여다보았어요. 아린이는 공책을 펴고 다음 시간에 배울 급수표의 단어와 문장을 몇 번씩 쓰면서 연습하고 언니 방으로 갔어요.

"언니, 나 문제 내 줘."

아린이가 대뜸 부탁했어요. 숙제하던 언니가 고개를 들더니

웃으며 말했어요.

"오, 이제 집에서도 받아쓰기하는 거야? 이러다 금방 100점 받는 거 아니야?"

"히히. 100점 받으면 수상 소감으로 언니에게 고맙다고 꼭 말할게."

언니는 문제를 내고 아린이는 받아쓰기를 했어요. 다 쓰고 채점해 보니 세 개 틀렸어요. 조금 전에 본 글자였는데도 알쏭달쏭 헷갈렸거든요. 그러니 학교에서는 생각이 더 안 났던 게 당연했어요.

아린이는 틀린 단어들만 다섯 번씩 다시 써 봤어요. 한 자 한 자 쓸 때마다 글씨의 모양이 머릿속에 깊이 새겨졌어요.

틀린 다음에는 어떻게 해야 할까요?

✏️ 경험을 통해 배워요

경험에서 배운다는 말이 있어요. 저절로 알게 되는 게 아니라, 실제로 겪어 보면 알게 된다는 뜻이죠. 틀리는 것은 배우기 위한 첫 단계가 될 수 있어요. 틀린 경험을 통해 고쳐 보고 알아보고 다시 익혀 보는 거죠. 그래서 많이 틀려 본 사람은 많이 배울 수 있어요. 틀렸다고 속상해하기만 하고 끝나면 앞으로도 계속 틀리게 돼요. 틀린 경험을 통해서 알 기회를 얻는다고 생각해 보세요.

✏️ 틀린 다음이 중요해요

그렇다면 틀린 다음에는 어떻게 할까요? 틀렸다고 잘못은 아니니까 속상해할 필요도, 창피할 필요도 없어요. 틀린 친구를 놀리거나 무시

해서도 안 돼요. 누구나 틀릴 수 있고, 알아 가는 속도도 다를 수 있거든요. 틀린 다음에는 왜 틀렸는지를 생각해 보면 돼요. 잘 살펴보면 잘못한 부분이 보여요. 혹시 잘 보이지 않는다면 부모님이나 선생님께 물어보세요.

틀린 게 무엇인지 안 다음에는 다시 틀리지 않도록 정답을 익혀요. 단 한 번만에 숙달되지 않을 수도 있어요. 그럴 때는 계속 생각하면서 다시 해 보세요. 처음에는 엄청 어렵게 느껴졌던 놀이나 게임을 몇 번 반복해서 해 보고 나니까 쉽게 해결한 경험이 있을 거예요. 공부 역시 비슷해요.

오답 노트를 만들어요

내가 틀렸던 것을 기억하고, 연습하고 싶다면 오답 노트를 만들어 보는 것도 좋아요. 공책을 하나 준비해서 틀린 문제만 적어 보고 틀린 이유를 적고, 다시 풀어 보는 거예요.

오답 노트를 적을 때는 먼저 틀린 문제와 내가 쓴 오답을 적어요. 그 다음은 왜 틀렸는지 이유를 적고 정답을 적어요. 어떤 문제는 알고 있지만 실수로 틀렸고, 어떤 문제는 시간이 부족해서 틀렸고, 어떤 문제는 아예 몰랐던 문제라 틀렸을 거예요. 이런 이유를 적어 놓으면 내가 어떤 이유로 가장 많이 틀리는지 알 수 있어요. 그다음은 정답을 제대로 알고, 비슷한 문제를 여러 번 풀어보면 좋아요.

예시)

문제	내가 적은 오답	틀린 이유	정답
1. 3+8	10	실수로 계산을 잘못했다.	11
2. 괜찮아.	괜찮아.	ㄶ 받침을 잘 몰랐다.	괜찮아.

✏️ 틀렸던 걸 또 틀렸다면?

누구나 똑같은 문제를 또 틀릴 수 있어요. 틀렸을 때 정답을 제대로 익히지 않았거나, 까먹을 수도 있죠. 그러면 다시 또 연습해 보면 돼요. 하고 또 하다 보면 끝까지 안 되는 일은 없어요. 중요한 것은 한 번 틀리고, 또 틀렸다고 해서 포기하거나 좌절하지 않는 거예요. 틀릴 수도 있다는 것을 알고 다시 한번 노력해 봐요.

같이 생각해요

1. 어떤 문제를 틀린 다음에 나는 어떻게 하는지 해당하는 내용에 체크해 보세요.

   - ☐ 1. 차분하게 왜 틀렸는지 살펴본다.
   - ☐ 2. 속상해서 운다.
   - ☐ 3. 틀리든지 말든지 아무 상관없다.
   - ☐ 4. 모르는 부분을 선생님이나 부모님께 물어본다.
   - ☐ 5. 틀린 문제를 다시 풀어 본다.
   - ☐ 6. 다른 친구가 볼까 봐 가린다.

   * 1, 4, 5번 같은 태도가 좋아요.

2. 틀렸던 문제를 또 틀린 경험이 있었나요? 왜 다시 틀렸는지 생각해 보세요.

며칠 뒤, 음악 시간이 되었어요. 오늘은 리듬 악기로 연주하는 시간이에요. 트라이앵글, 탬버린, 캐스터네츠로 나눠서 모둠을 꾸렸어요. 아린이는 트라이앵글 모둠에서 연주할 준비를 했어요. 박자에 맞춰서 '땡땡' 소리를 내면 되는데, 리듬을 잘 맞춰야 해요.

노래 반주가 나오고 다 함께 연주를 시작했어요.

"땡, 탁, 챙챙챙, 땡, 탁, 챙챙챙……."

신나게 연주가 이어지고 있는 중이었어요. 아린이 옆에 앉은 연우가 차례가 되지도 않았는데 트라이앵글을 치고 말았어요. 그 소리에 깜짝 놀란 아린이가 당황해서 트라이앵글을 '때댕' 하고 두 번 치고 말았어요. '땡' 하고 한 박자 쉬고 '땡' 쳐야 하는데 말이죠.

연속해서 트라이앵글 소리가 잘못 울리자, 다른 모둠 친구들이 흘낏흘낏 쳐다보았어요. 그런데 이번에는 캐스터네츠 소리가 이상했어요. 트라이앵글 차례에 자꾸 캐스터네츠 소

리가 나고 있었어요.

"땡, 땡, 탁, 챙, 때댕, 탁, 챙챙, 땡, 탁······."

한두 명씩 실수하기 시작하자, 점점 헷갈리면서 무엇이 맞는 건지 알 수 없게 되었어요. 결국 희한한 리듬으로 연주를 겨우 마쳤어요. 엉망진창으로 끝나자마자 친구들은 다 함께 "와하하." 웃고 말았죠.

"참 잘했어요."

선생님이 손뼉을 짝짝짝 힘차게 치며 말씀하셨어요. 박자가 하나도 맞지 않고 이상하게 끝났는데 도대체 뭘 잘했다는 걸까요?

아린이는 의아했어요. 옆자리 연우도 눈을 동그랗게 뜨고 놀라 두리번거리다가 아린이와 눈이 마주쳤어요. 아린이는 영문을 모르겠다는 의미로 어깨를 한 번 으쓱해 보이고는 선생님을 바라보았어요.

"여러분들이 잘한 것 두 가지가 있어요. 첫 번째는 연주하면서 틀렸다는 것을 알아챈 거예요. 두 번째는 중간에 틀렸는데도 포기하지 않고 끝까지 연주를 마친 거죠. 그래서 선생님은 감동했어요. 우리 반 친구 모두 칭찬해요."

선생님의 칭찬에 모두 어리둥절했지만, 그래도 기분이 좋았어요.

"자, 그럼 아까 틀렸던 부분을 주의하면서 다시 한번 해 볼까요?"

다시 반주 소리가 들리고 선생님의 손짓에 따라 연주가 시작됐어요.

"땡, 탁, 챙챙챙, 땡, 탁, 챙챙챙……."

막힘없이 흘러가던 연주는 노래 끝으로 갈수록 박자가 다시 조금씩 이상해지기 시작했어요.

"…… 때댕, 타닥, 챙채쟁챙."

가까스로 노래가 끝이 나자 친구들은 서로 눈치를 살폈어요. 그때 지훈이가 말했어요.

"범인은 바로 나야. 자수할게. 내가 제일 먼저 틀렸어."

그러자 지훈이 옆에 앉은 성준이가 말했어요.

"아니야. 나도 바로 헷갈려서 실수했어."

서로 틀린 것을 고백하는 친구들을 보자 아린이도 용기가 생겼어요.

"사실은 나도 '땡' 하고 쳐야 하는데 손이 미끄러져서 '때댕'

하고 쳐 버렸어."

아린이에 이어서 친구들은 너도나도 자기가 틀린 부분을 말했어요. 그 모습을 본 선생님이 웃으며 말씀하셨어요.

"이렇게 틀린 것을 부끄러워하지 않고, 얘기하는 것도 참 좋은 태도예요. 틀리거나 어려운 부분을 말하면, 선생님처럼 가르쳐 주는 사람이 정확하게 콕 찍어서 알려 줄 수 있거든요."

선생님은 시범을 보이면서 정확한 악기 순서를 알려 주시고, 박자도 다시 알려 주셨어요. 틀려서 부끄러웠던 마음은 사라지고, 다시 배우고 익히면서 할 수 있다는 자신감이 생겼어요.

다음은 국어 수업이에요. 며칠 전에 아린이를 속상하게 만들었던 바로 그 받아쓰기 시간이 다시 돌아온 거죠.

"자, 받아쓰기 공책을 펴세요."

선생님이 문제를 내려고 자세를 잡는 모습을 보니까 아린이는 두려워지기 시작했어요. 저번처럼 배가 살살 아팠어요. 하지만 손을 들고 화장실에 간다고 말할 수가 없었어요. 친구들이 놀릴 것도 같고, 또다시 화장실로 도망간다고 해서 해결될 문제가 아니었거든요.

　아린이는 언니가 알려 줬던 '뭐 어때' 정신을 떠올렸어요.

'그래, 틀리면 뭐 어때.'라고 생각하기로 했지요. 심호흡하고 자세를 바로 고쳐 앉았더니, 불안한 마음이 조금 사라졌어요.

"첫 번째 문제 낼게요. 사고 싶은 게 너무 많다. 사고 싶은 게 너무 많다."

아린이는 문제를 듣자마자 환호성을 지르고 싶었어요. 저번에 '괜찮아'를 못 썼던 게 속상해서 받침 'ㄴㅎ'이 들어가는 단어들을 많이 보고 써 봤거든요.

게다가 오늘 시험 볼 예정인 급수표의 문장들을 몇 번이고 쓰면서 연습했죠. 덕분에 아주 쉽게 쓸 수 있었어요. 첫 번째 문제부터 정확하게 아는 단어가 나와서 기분이 좋았어요.

"두 번째 문제를 낼게요."

하지만 첫 번째 문제와 달리 두 번째, 세 번째 문제는 어려웠어요. 기억이 날듯 말듯 알쏭달쏭해서 몇 번을 썼다 지웠다 하며 겨우겨우 적었지요.

그래도 다행인 것은 한 문제도 빈칸으로 남기지 않았다는 거예요. 일곱 번째 문제의 답을 쓸 때쯤, 더는 배가 아프지 않았어요.

"자, 마지막 문제는, 마주 보고 웃었어요. 마주 보고 웃었어요."

'웃었어요'도 아린이가 주의 깊게 봤던 단어였어요. 그동안 자꾸 '었'의 받침 'ㅆ'을 'ㅅ'으로 써서 틀렸었거든요. 이번에는 꼭 틀리지 않겠다고 생각하면서 '었' 자를 노려보면서 열 번도 넘게 썼었죠.

그러니까 어찌 보면, 그때 틀렸기 때문에 이번에는 정확하게 알 수 있었던 거예요. 한번 틀리고 나니까 다시는 잊어버리지 않게 된 거죠.

이제 채점해 볼 시간이에요. 1번 문제는 맞았고, 2번 문제는 틀렸어요. 3번과 4번 문제는 맞았고, 5번 문제는 틀렸어요. 10번 문제까지 채점한 결과 아린이는 여섯 개는 맞고 네 개는 틀렸어요. 어떤 문제는 아깝게 조금 틀리고, 어떤 문제는 완전 엉망으로 틀렸죠.

아린이는 짝궁 희영이의 공책을 슬쩍 보았어요. 세상에나! 이번에는 희영이도 두 문제나 틀렸어요. 희영이는 공책의 새 페이지를 펴더니 방금 틀린 문제 두 문장을 다시 써 보기 시작했어요.

"아이, 아까워. 쌍시옷은 다시는 안 틀릴 거야!"

희영이가 중얼중얼하며 글씨를 쓰기 시작했어요. 희영이를 보던 아린이도 슬그머니 덮었던 공책을 다시 펼쳤어요.

예전에는 누가 볼까 무서워서 후다닥 덮었는데, 남들에게

들키는 건 중요한 게 아니었어요. 더 중요한 것은 무엇을 왜 틀렸는지 알아보고 다음에는 틀리지 않도록 노력해야 한다는 거예요.

희영이를 따라서 틀린 문장을 다시 써 봤어요. 예전처럼 부끄러운 마음은 들지 않고, 연습해서 틀리고 싶지 않다는 각오가 생겼어요.

"오늘 틀린 문제는 세 번씩 다시 써 보는 걸로 해요."

선생님이 숙제를 내 주시고 오늘 수업을 모두 마쳤어요. 아린이는 급히 가방을 싸서 매고 벌떡 일어나 달리기 시작했어요. 어서 집으로 돌아가서 언니를 만나야 했거든요.

언니는 오늘 학교를 결석하고 오디션을 보러 갔어요. 오늘 아침에 엄마 손을 꼭 붙잡고 집을 나서면서 너무 떨린다고 울상이 된 채로 헤어졌거든요. 집에 가면 언니가 와 있을 거예요. 아린이는 자신이 오디션을 본 것처럼 떨리고 그 결과가 어떻게 됐을지 궁금했어요.

"언니!"

집에 들어오자마자 언니의 방문을 확 열어젖히면서 외쳤어요. 언니는 방에 없었어요.

"언니! 언니!"

언니가 거실에서 과자를 먹으면서 나타났어요. 오디션에 붙었는지 떨어졌는지 알 수 없는 표정이었어요.

"언니, 오디션은 어떻게 됐어?"

"망했어. 나 그 부분 또 틀린 거 있지?"

"정말?"

"응. 정말이야. 딱 그 부분에서 발이 또 꼬여서……."

아린이는 언니에게 다가가 안으며 말했어요.

"괜찮아, 언니. 틀리면 어때? 다시 도전하면 되지, 뭐."

"야, 장아린. 틀려서 속상하다고 울던 네가 그런 말을 다 하네?"

"언니가 알려 줬잖아. 틀려도 괜찮다고. 포기하지 말라고."

"그렇지. 틀리는 건 당연히 괜찮지. 내가 합격하는 것도 당연한 거고. 아린아! 나 합격했어! 꺅!"

아린이는 언니의 말을 이해할 수 없어서 어리둥절했어요.

"뭐라고? 거짓말한 거야? 망했다며!"

"망했지. 망했는데 떨어지지 않았어. 넘어지자마자 벌떡 일어나서 더 힘차게 춤을 추고 노래를 불렀거든? 그랬더니 틀려도 자신감 있게 끝까지 마무리해서 정말 보기 좋았다면서 오히려 칭찬받았어. 합격했다니까! 나 이제 아이돌 가수 연습생이야."

아린이와 언니는 서로 부둥켜안고 좋아서 소리를 지르며 방방 뛰었어요.

"그만! 그만! 뛰려면 아름이 방에 가서 뛰어!"

부엌에 있던 엄마가 기분 좋은 목소리로 핀잔을 주었어요. 아린이와 언니는 언니 방으로 갔어요. 신나게 웃고 노래 부르고 춤추면서 합격의 즐거움을 만끽했어요.

"아린아! 저녁 먹자. 언니 합격 기념 파티야."

엄마의 부름에 아빠까지 온 식구가 식탁에 모였어요. 그런데 아린이는 두 눈을 의심했어요. 파티의 메인 메뉴가 바로 며칠 전 그 시큼한 맛을 냈던 함박스테이크였기 때문이에요.

"엄마……, 이거 함박스테이크 맞아요? 그때 그거?"

"응. 함박스테이크 맞아. 하지만 엄마가 그때의 실수를 교훈 삼아서 아주아주 새롭게 다시 탄생시켰지. 그때의 맛없던 함박스테이크는 잊어 주세요. 자, 먹어 봐."

엄마가 자신 있게 말했지만 어쩐지 선뜻 손이 가지 않았어요. 아린이가 망설이고 있을 때 언니가 먼저 손을 획 뻗더니 한 조각을 덥석 집어 입안에 넣었어요.

"어?"

언니가 무슨 뜻인지 모를 소리를 냈어요. 아린이가 언니를 바라보자 언니가 엄지손가락을 치켜세우며 소리쳤어요.

"엄마! 대박! 완전 최고로 맛있어요!"

아린이는 믿기지 않아 의심스러운 표정을 하고 물었어요.

"정말?"

언니가 고개를 힘차게 끄덕였어요. 아린이는 떨리는 손으로 함박스테이크 한 조각을 집어 입에 넣었어요.

"어어?"

아린이도 언니와 비슷한 소리를 냈어요. 몇 번 씹더니 아린이 역시 엄지손가락을 올리게 됐죠.

"우와! 엄마 진짜 맛있어요. 어떻게 이게 지난번과 같은 함박스테이크예요?"

"당연히 지난번과 같지 않지. 레시피 연구를 다시 했어. 고기도 더 잘게 다지고, 신맛을 내는 식초도 적게 넣고 몸에 좋은 꿀도 듬뿍 넣었더니 이렇게 맛있는 소스가 탄생했어. 어때? 정말 맛있지?"

아빠가 한 조각을 집어 맛보더니 말했어요.

"엄마의 성공에는 말이다, 보이지 않는 곳에서 망친 함박스테이크를 다 먹어 치운 아빠의 공이 숨어 있다는 것을 잊지 말아 줘. 엄마가 얼마나 많이 연습했는지 아니?"

"아니, 그걸 말하면 어떡해요."

"뭐 어때. 연습한 게 부끄러운 일인가? 아빠는 아름이가 열심히 연습해서 결국 오디션에 합격한 것도 정말 자랑스럽고, 엄마가 고된 연습 끝에 이렇게 맛있는 함박스테이크를 만든 것도 정말 감격스럽단다. 그리고 우리 아린이가 틀리는 것을 두려워하지 않고 받아쓰기를 잘하게 된 것도 정말 기쁜 일이지."

엄마가 고개를 끄덕이며 아린이를 바라보셨어요. 아린이는 함박스테이크를 하나 더 집으며 말했어요.

"엄마, 고마워요. 맛있는 함박스테이크 만들어 주고, 틀려도

혼내지 않아서요."

아빠가 흐뭇한 표정으로 웃으며 말했어요.

"틀리는 게 왜 혼나야 할 일이야. 모르면 당연히 틀릴 수도 있는 건데. 엄마도 틀리고, 언니도 틀리고, 아빠도 틀릴 때가 얼마나 많은데……. 누구나 틀리면서 배우는 거란다."

언니가 함박스테이크를 맛있게 먹으며 말했어요.

"엄마, 다음에는 여기에 치즈를 넣어도 맛있을 것 같아요. 쭉 늘어나는 치즈요."

"네, 분부대로 할게요. 미래의 아이돌 가수님!"

아린이는 행복했어요. 엄마가 한 번 망쳤다고 좌절하고 함박스테이크를 포기했다면 이렇게 맛있는 음식을 먹어 볼 기회도 없었을 거예요. 엄마의 용감한 도전이 고마웠어요.

저녁을 다 먹은 아린이는 책상에 앉아 받아쓰기 공책을 펼쳤어요. 오늘 틀린 네 문제를 바라보았어요. 예전에는 빨간 작대기를 보면 가슴이 콩닥대고 속상했는데, 이젠 그렇지 않았어요.

빨간 색연필로 작대기를 마주 보고 반대 방향으로 선을 하

나 더 그었어요. 빗금 모양이 브이 자 모양의 체크 표시가 되었어요.

아픈 상처였던 작대기 대신 다시 들여다보고 싶은 무늬가 생겼어요. 브이 자는 다시 보고 익혀야 한단 표시예요. 아린이의 마음은 한결 편해졌어요. 틀린 문제를 올바른 맞춤법에 맞게 세 번씩 쓰고 공책을 덮었어요.

아린이는 이제 도전하고 틀리는 게 무섭지 않아요. 틀리는 건 잘못하거나 부끄러운 일이 아니니까요.

실패는 또 다른 시작!

🖍 실패는 성공의 어머니

　실패는 일을 잘못해서 원하는 대로 되지 않은 것을 말해요. 받아쓰기 100점을 받는 것을 목표로 했지만 몇 문제를 틀렸으면 실패했다고 말할 수 있어요. 하지만 실패를 두려워해서는 안 돼요. 살아가면서 크고 작은 수많은 실패를 경험하게 되거든요. 받아쓰기를 틀린 것 정도는 아주아주 작은 실패예요.

　'실패는 성공의 어머니'라는 유명한 말이 있어요. 발명왕 에디슨이 한 말이에요. 에디슨은 전구를 발명하기까지 무려 만 번의 실패를 겪었다고 해요. 엄청나죠?

　하늘을 나는 꿈을 이룬 미국의 발명가인 라이트 형제도 수많은 실패를 겪었어요. 1903년에 처음으로 동력 비행에 성공하기까지 805번이나 도전했답니다. 모든 실패의 순간마다 그 원인을 분석해서 노트에 꼼꼼히 기록했어요. 그렇게 쌓인 노트가 100권이 넘는다고 해요.

에디슨도 라이트 형제도 도전하고 실패하고 다시 도전했어요. 그 덕분에 위대한 발명품이 탄생했어요. 틀렸다고 그만두었다면 이루지 못했을 꿈이죠.

그러니까 틀렸다고 해서 완전히 실패한 것이 아니에요.

🖍 실패와 성공에 관한 다양한 명언을 알아봐요

- **칠전팔기(七顚八起)** 일곱 번 넘어지고 여덟 번 일어난다는 뜻으로, 여러 번 실패해도 포기하지 않고 꾸준히 노력하는 것을 뜻하는 사자성어예요.
- **실패가 성공을 가르친다.** 외국 속담
- **고통 없이는 얻는 것도 없다.** 외국 속담
- **좌절과 실패는 성공으로 가는 가장 확실한 디딤돌이다.** 데일 카네기(작가이자 교수)
- **용기란 실패에서 실패로, 열정을 잃지 않고 나아가는 것이다.** 윈스턴 처칠(영국의 정치가)
- **실패는 돌아가는 길이지 막다른 길이 아니다.** 지그 지글러(작가)

✏️ 틀렸을 때의 마음가짐을 살펴봐요

틀리면 어떤 마음이 드나요? 창피함, 속상함, 숨고 싶은 마음이 들 수 있어요. 지금까지 그런 마음이 들었다면 이제 바꿔 보세요.

틀리는 것에서 당당함, 굳세고 꿋꿋함, 그리고 다시 도전하고 싶은 마음을 찾아보세요. 틀려야만 내가 모르는 것이 무엇인지 알 수 있고, 그건 하나도 부끄러운 게 아니에요. 오히려 진짜 부끄러운 것은 틀려도 모른 척하고, 틀렸다고 도전하지 않고, 틀릴까 봐 잘못된 방법으로 답을 맞히려는 거예요.

틀려서 속상할 때는 나중의 내 모습을 상상해 보세요. 계속 속상해하면서 아무것도 하지 않고, 또 틀리는 모습은 누구나 원하지 않을 거예요. 멋진 모습의 내가 될 수 있도록 노력해 봐요. 틀린 것을 제대로 알고, 고치려고 노력하고, 마침내 틀리지 않게 된 당당한 모습을 떠올려 보세요. 그렇게 되고 싶지 않나요?

 다른 것은 틀린 게 아니에요

가끔 다른 것과 틀린 것을 헷갈릴 수 있어요.

다르다는 것은 같지 않다는 것을 뜻하지요. 틀린 것은 사실과 다르거나 정답을 다르게 말한 것을 의미해요. 답이 정해지지 않은 문제에 대해 서로 이야기할 때 상대방의 말을 무조건 틀렸다고 해서는 안 돼요. 누구나 생각은 다를 수 있거든요. 틀렸다는 것은 옳고 그름이 정확한 답이 있을 때만 쓰는 말이에요.

친구가 평소에 쓰던 노란색 머리띠 대신 빨간색 핀을 하고, 머리 모양도 바뀐 것을 보았을 때 뭐라고 말해야 할까요? '너 오늘 틀려 보여.'가 아니라 '너 오늘 달라 보여.'가 맞는 말이에요. 머리에 무슨 장식을 하든지 그건 정답이 없기 때문이에요.

정답이 있는 문제에만 '틀리다', 그렇지 않을 때는 '다르다'로 구분해서 써 보세요.

같이 생각해요

1. 앞의 실패에 대한 속담 '실패는 성공을 가르친다.'처럼 나만의 명언을 만들어 보세요.

   ----

2. 앞으로 무언가를 틀리게 된다면 어떤 마음가짐을 가져야 할지 적어 보세요.

   ----

3. '틀리다', '다르다'를 잘못 사용한 친구는 누구일까요?

   아린 : 수학 문제가 어려워서 두 문제나 틀렸어.
   지훈 : 오늘 선생님의 옷차림이 평소와 틀리지 않아?
   연우 : 너는 평범한 애들과는 달라.

   * 정답은 지훈

나도 이제 초등학생

OX 퀴즈

틀리는 것은 잘못한 일이 아니에요.
틀려도 속상해하지 않고 다시 도전할 수 있나요?
그렇다면 마지막 관문!
OX 퀴즈를 풀면서 점검해 봐요.

맞는 답에 색칠하세요!

틀리는 건 잘못한 일인가요?

 네. 틀리는 건 잘못한 일이라 당연히 혼나야 해요.

 아니요. 누구나 틀릴 수 있고, 잘못한 일이 아니에요.

틀린 문제는 다시 풀어 봐야 할까요?

 네. 그래야 왜 틀렸는지 이유를 알고 정답을 익힐 수 있어요.

 아니요. 속상하니까 그냥 덮어 두고 잊어버려요.

틀린 문제를 또 틀렸다면 어려우니까 포기할까요?

 네. 두 번이나 틀렸으면 풀 수 없는 문제니까 포기해요.

 아니요. 틀린 이유를 살펴보고 다시 풀어봐서 다음에는 틀리지 않도록 노력해요.

친구가 너무 쉬운 문제를 틀렸다면 놀려도 될까요?

 네. 그래야 친구도 창피해서 다음에는 안 틀릴 거예요.

 아니요. 누구나 틀릴 수 있고, 남을 흉봐서는 안 돼요.

틀릴까 봐 걱정되면 답을 쓰지 않거나, 말하지 않아도 괜찮나요?

 네. 틀려서 창피를 당하는 것보다 말을 하지 않는 게 좋아요.

 아니요. 틀리더라도 생각대로 답을 적어야 내가 제대로 알고 있는지 확인할 수 있어요.

받아쓰기를 중 답이 헷갈리면 다른 친구의 답을 보고 적어도 될까요?

 네. 아는 건데 헷갈려서 확인하려고 본 거니까 괜찮아요.

 아니요. 내 생각대로 적어요. 다른 친구의 답을 보고 맞히는 건 내 진짜 실력이 아니에요.